BEI GRIN MACHT SICH IHR WISSEN BEZAHLT

- Wir veröffentlichen Ihre Hausarbeit,
  Bachelor- und Masterarbeit

- Ihr eigenes eBook und Buch -
  weltweit in allen wichtigen Shops

- Verdienen Sie an jedem Verkauf

Jetzt bei www.GRIN.com hochladen und kostenlos publizieren

Maximilian Mergl

Literatur zur Einführung im Fach Deutsch

GRIN Verlag

Bibliografische Information der Deutschen Nationalbibliothek:

Die Deutsche Bibliothek verzeichnet diese Publikation in der Deutschen National-
bibliografie; detaillierte bibliografische Daten sind im Internet über http://dnb.d-
nb.de/ abrufbar.

Impressum:

Copyright © 2012 GRIN Verlag GmbH
Druck und Bindung: Books on Demand GmbH, Norderstedt Germany
ISBN: 978-3-656-96881-8

Dieses Buch bei GRIN:

http://www.grin.com/de/e-book/299080/literatur-zur-einfuehrung-im-fach-deutsch

GRIN - Your knowledge has value

Der GRIN Verlag publiziert seit 1998 wissenschaftliche Arbeiten von Studenten, Hochschullehrern und anderen Akademikern als eBook und gedrucktes Buch. Die Verlagswebsite www.grin.com ist die ideale Plattform zur Veröffentlichung von Hausarbeiten, Abschlussarbeiten, wissenschaftlichen Aufsätzen, Dissertationen und Fachbüchern.

Besuchen Sie uns im Internet:

http://www.grin.com/

http://www.facebook.com/grincom

http://www.twitter.com/grin_com

Deutsch Literatur Prüfungsvorbereitung

Maximilian Mergl

Deutsch Literatur

Inhaltsverzeichnis

„Rezeptionsästhetik"

Eagleton, Terry

4 Aspekte der Rezeptionsästhetik:

1.) Rolle des Lesers
- 1.1. Grundidee: Der Leser gibt dem Text seine Bedeutung.
  - 1.1.1. Dem Text ist eine Leserrolle eingeschrieben "implizite Leser"
    - 1.1.1.1. Daraus folgt: Es kann so viele Lesarten eines Textes wie Leser geben – dabei gibt es natürlich Regeln der Lektüre, die vom Text und Kontext vorgegeben werden.
  - 1.1.2. Der Leser Bildet fortwährend neue Hypothesen und Erwartungen an den Fortgang
    - 1.1.2.1. modifiziert sie oder weist diese zurück

2.) Akt des Lesens
- 2.1. *Kommunikationsmodell*
  - 2.1.1.
  - 2.1.2. Fiktionale Literatur zeichnet sich u.a. dadurch aus, dass der ‚literarische Code' vom ‚alltagssprachlichen Code' abweichen kann.
  - 2.1.3. Der Fokus der Rezeptionsästhetik liegt auf der Beziehung Text - Leser.
- 2.2. *Erweitertes Literatur-Kommunikationsmodell*

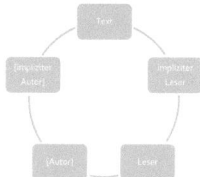

  - 2.2.1.
    - 2.2.1.1. Verstehen =Konkretisierung der Leerstellen Aufbau und Entschlüsselung des literarischen Codes

3.) Wie wird der Text konstituiert
- 3.1. *Aktuelle Thesen der literarischen Hermeneutik*
  - 3.1.1. der Text weiß mehr als sein Autor
  - 3.1.2. der Sinn des Textes kann nicht einmalig herausgelöst und bewahrt werden
  - 3.1.3. der Sinn muss immer neu hergestellt werden
  - 3.1.4. Interpretation ist möglich, muss aber immer erweitert werden

4.) Leerstellen (füllen durch Lesersinnstiftung)
- 4.1. Leerstellen bezeichnet diejenige Position literarischer Teste an denen bestimmte erwartete Informationen ausgespart sind, sodass sich für den Leser die Notwendigkeit zur eigenen Hypothesenbildung ergibt.

„Positionen der Literaturdidaktik – Methoden des Literaturunterrichts"

Irmgard Nickel - Bacon

Lesekompetenz

Fähigkeiten und Fertigkeiten – im umfassenden Sinne – zur Rezeption – auch dies im umfassenden Sinne – von Schriftzeugnissen.

Lesekompetenzbegriff der PISA-Studie

[Basiskompetenz, die jedem Lesekompetenzbegriff unterliegt: Fähigkeit zum Decodieren sprachlicher Zeichen]
Teilkompetenzen des Lesekompetenzbegriffs, wie er der PISA-Studie zugrunde liegt:
1. Informationen ermitteln
2. 2 Textbezogenes Interpretieren
3. Reflektieren und Bewerten

4. **Hauptkritikpunkt** an diesem Lesekompetenzbegriff?
    1.1. rein kognitiver, rein pragmatischer Begriff (es geht rein um den ‚Handlungsakt Lesen')
    1.2. rein informationsverarbeitender Begriff
    1.3. Kritik an PISA und dem reading-literacy konzept
        1.3.1.1. Rein kognitive Ebene wird angesprochen
        1.3.1.2. Keine Berücksichtigung von emotionalen und motivationalen Ebenen

Klausurfrage
Die 6 Ziele des Literaturunterrichts
1.) **Förderung der Freude am Lesen**
    a. **Emotional**
2.) **Texterschließungskompetenz**
    a. **kognitiv**
3.) **Literarische Bildung einschließlich literaturhistorischem Wissen**
4.) **Förderung von Imagination & Kreativität**
5.) **Selbsterfahrung & Fremdverstehen**
6.) **Auseinandersetzung mit menschlichen Grundfragen**

Klausurfrage
„Text-Schüler-Polarität"
Es gibt zwei Perspektiven:
1. Blick /Perspektive auf den Text
    1.1. Literarische Komponente
    1.2. Optimaler BSP-Text für eine Gattung
2. Blick /Perspektive auf den Schüler
    2.1. Motivationale Komponente
    2.2. Ist der Text für den Schüler angemessen?

3. ⇥Unterrichtsplanung muss immer beide ‚Pole' berücksichtigen
4. Muss keine Opposition sein
5. Lehrer entscheidet, ob Unterricht auf Text oder Schüler zentriert wird

„Makro- (1),Meso- (2), & Mikro-Ebene (3)" Gesellschaftssystem (1), Bildungssystem (2) und Methoden des Unterrichts (3) beeinflussen sich gegenseitig

Makro   Gesellschaftliche Prozesse, Kindheitsbild, politische Vorstellungen
Meso   Bildungssystem: Ausbildungsstädten, Hochschulen
Mikro   Methoden des Unterrichts, Interaktion Schüler - Lehrer

Vermittlungsmethoden innerhalb der Text-Schüler-Polarität

Text und kognitive Erschließung

(Post-)Strukturalistische fundierte Textanalyse
>Wie ist der Text aufgebaut?

Hermeneutisch fundierte Gesprächsdidaktik
>Was will der Autor damit sagen?

Rezeptionsästethetisch fundierte Produktionsaufgaben
>Handlungsund Produktionsorientierter Unterricht
>Texte überarbeiten / umschreiben
>Künstlerich kreativ

Schüler/in und emotionale Beteiligung

„Literarisches Lernen"

Kaspar H. Spinner

Was könnte der Begriff Lesesozialisation meinen?

1. **Sozialisation:**
   1.1. Prozess des ‚Hineinwachsens' in die Gesellschaft; Prozess des Erlernens der Regeln menschlichen Zusammenlebens
2. **Lesesozialisation:**
   2.1. ‚Hineinwachsen' in die Schriftkultur;
   2.2. Prozess der Aneignung von Kompetenzen zum Umgang mit Schriftlichkeit in unterschiedlichen Medienangeboten (Printmedien und elektronische Medien) und unterschiedlichen Modalitäten (fiktional-ästhetische und faktuale Texte)

Literarisches Lernen

„Schulische Lehr- und Lernprozesse zum Erwerb von Einstellungen, Fähigkeiten, Kenntnissen und Fertigkeiten, die nötig sind, um literarisch-ästhetische Texte in ihren verschiedenen Ausdrucksformen zu erschließen, zu genießen und mit Hilfe eines produktiven und kommunikativen Auseinandersetzungsprozess zu verstehen."
Literarisches Lernen geschieht auch in der Rezeption von fiktionalen Texten durch audiovisuelle Medien (Hörmedien, Film und Fernsehen) oder auch durch den Besuch von Theateraufführungen etc.

Klausurfrage
Wann beginnt literarisches Lernen?

Literarisches Lernen beginnt mit den ersten Kontakten mit fiktionalen Texten; erste Sozialisationsinstanz ist auch hier die Familie.
Die literarische Sozialisation beginnt also beispielsweise mit der Rezeption von vorgelesenen Geschichten oder von Hörmedien.

Elf Aspekte literarischen Lernens (nach Kaspar H. Spinner)

1. Beim Lesen und Hören Vorstellungen entwickeln
2. Subjektive Involviertheit und genaue Wahrnehmung miteinander ins Spiel bringen
3. Sprachliche Gestaltung aufmerksam wahrnehmen
4. Perspektiven literarischer Figuren nachvollziehen
5. Narrative und dramaturgische Handlungslogik verstehen
6. Mit Fiktionalität bewusst umgehen
7. Metaphorische und symbolische Ausdrucksweise verstehen
8. Sich auf die Unabschließbarkeit des Sinnbildungsprozesses einlassen
9. Mit dem literarischen Gespräch vertraut werden
10. Prototypische Vorstellungen von Gattungen / Genres gewinnen
11. Literaturhistorisches Bewusstsein entwickeln

Klausurfrage
Literarisches Lernen hat literarische Kompetenz zum Ziel. (Welches trifft zu?)

Ist für literarische Sinnbildungsprozesse relevant

Welche Grenzen des LU werden von Spinner benannt?

1. die Überprüfbarkeit mancher Aspekte des Literarischen Lernens.
2. die Grenze der Persönlichkeitsrechte eines jeden Schülers (gilt besonders für ältere Schüler)
3. die Grenze des kindlichen Egozentrismus in der Wahrnehmung des Anderen (dies gilt für Grundschulkinder am Beginn ihrer schulischen Laufbahn)

Klausurfrage
Durch welche Methoden kann literarische Kompetenz gefördert werden?

Durch Methodenpluralismus/-vielfalt,
        Abstimmung von Adressat und Empfänger
aber keine Beliebigkeit!
Top Down / Bottem Up

Wie verhalten sich beim „literarischen Lernen" nach Spinner subjektive Involviertheit und genaue Wahrnehmung (des Textes)?

Schaukeln/steigern sich gegenseitig (hoch) Wechselwirkung zwischen subjektiver Involviertheit (persönliches Angesprochensein) und genauer Wahr-nehmung (des Textes)

A Subjektive Wahrnehmung
Interesse an der Literatur, kann sich mit den Figuren Identifizieren

B Genaue Wahrnehmung
Ziel des Lit. U.
Kann den Texst genau lesen
Alle Infos herausziehn
Symbole erkennen

These:
Wenn A gegeben, dann wird B gefördert, dadurch steigert sich A und die Fähigkeit Perspektiven andere Figuren

Definieren Sie den Begriff Literarische Kompetenz (nach Spinner)

Fähigkeiten und Fertigkeiten, die für den Umgang mit literarischen (= fiktionalen) Texten von Bedeutung sind und die relevant sind für Sinnbildungsprozesse (so etwa das Verständnis des Textes auf verschiedenen Ebenen und auch das Verständnis des ‚uneigentlichen Sprechens'

Grenzen Sie den Begriff der Literarischen Kompetenz von dem der Lesekompetenz ab

Lesekompetenz: im Zentrum steht das (kognitive) Verstehen, die Informationsentnahme und die (kritische und reflektierte) Deutung
Literarische Kompetenz ist deutlicher weiter gefasst

„Ziele des Literaturunterrichts" - Literarische Kompetenzen

Clemens Kammler

Klausurfrage

In der „Klime-Expertise" wird formuliert, dass Kompetenzen in Aufgabenstellungen umgesetzt werden können müssen. Warum?

Sie müssen konkret formuliert werden, damit sie überprüfbar sind

KLIME-Expertise 2003

Kriterien für Kompetenzen werden Festgelegt (4 Stück)
Umsetzbarkeit in Aufgabenstellungen gewährleistet
1) Umsetzbarkeit in Aufgabenstellung
2) Erfassung durch Testverfahren
      empirisch Untersuchbarkeit ob Kompetenzen erworben worden sind)
3) Aufgliederung in Teilkompetenzen
      Erlernen erfolgt nach und nach und nicht komplett auf einmal
4) Festlegung von Niveaustufen

Klausurfrage

Welches Problem ergibt sich aus dem „Literacy-Konzept" für den Literaturunterricht?

Bezieht sich auf Lesekompetenz ((Sach)-Texte), d.h. Verstehen von Sachtexten und Mehrdeutigkeit
➔   Siehe Pisa

Klausurfrage

In welche zwei Unterkompetenzen kann man „literarische Kompetenz" teilen)

Rezeptive Kompetenz
Literarische Texte Verstehen und begreifen
Kanon an Wissen werwerben

Produktive Kompetenz
Fähigkeit zum Verfassen literarischer Texte
„Literarästhetische Produktionskompetenz" (in Deutsch-Unterricht bislang untergeordnete Rolle)

Fähigkeit, literarische Texte zu verfassen (wichtig: Abgrenzung zu HUPLI = Produktion als Weg zum Verständnis, als Form der Auseinandersetzung mit literarischen Texten).

„Gattungen"

Ulf Abraham und Mathies Kesper

Triadisches Gattungsmodell

Dem triadischen Gattungsmodell liegen rein fiktionale Texte zugrunde (Literaturbegriff).

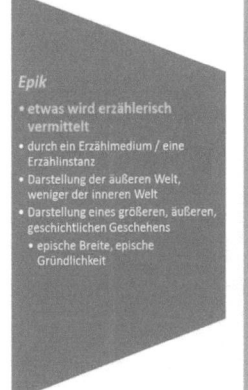

Epik
- etwas wird erzählerisch vermittelt
- durch ein Erzählmedium / eine Erzählinstanz
- Darstellung der äußeren Welt, weniger der inneren Welt
- Darstellung eines größeren, äußeren, geschichtlichen Geschehens
- epische Breite, epische Gründlichkeit

Lyrik
- gebundene Form
- Einzelrede in Versen
- Selbstaussprache einer Person / Redestruktur
- in stimmungshaft geladener Situation
- in bekenntnishaftem Ton
- Überstrukturierung
- Kürze und Konzisheit
- Bildhaftigkeit
- das Fehlen eines narrativen Inhalts

Dramatik
- unmittelbare Vergegenwärtigung einer überschaubaren – tendenziell knappen Handlung (Einheit von Ort und Zeit)
- Verzicht auf vermittelnden Erzähler -> Vermittlung durch Figurenrede
- in Redeform (dialogisch / monologisch)
- verlangt Darstellung / Aktion in körperlicher Aufführung

Klausurfrage neben Epik, Lyrik und Dramatik zählt der **Spielfilm** *(Modus des Darstellens und Erzählens)* **als 4. Gattung!!!**

Klassifizierung

Der Textsorten – Begriff ist eine alternative zum Gattungs-Begriff

1. **Gattungsmodell**   Literaturwissenschaftlich
    1.1. Äußere Form -> Inhalt egal
    1.2. Textzentriert
    1.3. Formalität
2. **Textsorten**   Sprachwissenschaftlich (Text = Kommunikation)
    2.1. Äußere Form untergeordnet
    2.2. Empfänger steht im Mittelpunkt
    2.3. Umfasst alle Texte
    2.4. Beschreibung der Kommunikation
        2.4.1. Sender - > Empfänger
    2.5. Vgl. Emil Steiger: „ epische Merkmale, lyrische Merkmale, dramatische Merkmale"

    2.6. Vorteile des Textsorten Modells
        2.6.1. Mehr Offenheit
        2.6.2. Mehr Möglichkeiten der Deutung

Definieren Sie den Begriff der Poetischen Kompetenz nach Abraham.

Abraham betont die Fähigkeit zur Anschlusskommunikation im Umgang mit literarischen Texten (in Form von Gespräch, Inszenierung, schriftlichem Entwurf).

„Erzähltheorie" - Textanalyse Prosa

Alo Allkemper

Definieren Sie die Begriffe *histoire* und *discours*.

1. **Histoire – Geschichte**
   1.1. Das Was der Erzählung
   1.2. Chronologischer Zusammenhang von Ereignissen
   1.3. Kausaler Zusammenhang von Ereignissen
      1.3.1. Einbettung in die erzählte Welt
2. **Discours – Diskurs**
   2.1. Das Wie der Erzählung
      2.1.1. Präsentation der Geschichte
      2.1.2. Sprachliche Mittel

Definieren Sie die Begriffe *Erzählzeit* und *Erzählte Zeit*.

1. **Erzählzeit**
   1.1. Reale Zeitspanne
   1.2. Zeit die der Erzähler benötigt um seine Geschichte zu erzählen
2. **Erzählte Zeit**
   2.1. Fiktive Zeitspanne
   2.2. Zeit die die erzählte Handlung benötigt

Erzählzeit vs. Erzählte Zeit

1. **Zeitdeckend**
   1.1. Erzählzeit = erzählte Zeit
2. **Zeitdehnend**
   2.1. Erzählzeit > erzählte Zeit
3. **Zeitraffend**
   3.1. Erzählzeit < erzählte Zeit
4. **Aussparung**
   4.1. Keine Erzählzeit aber erzählte Zeit läuft weiter
5. **Pause**
   5.1. Erzählzeit läuft weiter aber keine erzählte Zeit

Klausurfrage
Ein Bsp. zur erzählten Zeit erkennen (zeitraffendes, zeitdehnendes und zeitdeckendes Erzählen; Vorausdeutung, Rückwendung beide erzeugen Spannung)

Erzählverhalten

1. **Auktoriales** Erzählverhalten
   1.1. Erzähler kann eingeschränkte Innen- oder gar Außensicht haben
   1.2. Das entscheidende Merkmal des auktorialen Erzählers ist, <u>dass er außerhalb des Geschehens</u> steht und aus dieser Position das Geschehen erzählt – und dabei auch <u>kommentierend und wertend eingreifen kann</u>.
2. **(allwissender)** Erzähler
   2.1. Extremform des Auktorialen Erzählers
   2.2. Hat der auktoriale Erzähler dieses „umfassende" Wissen, dann kann er als „allwissender Erzähler" bezeichnet werden.
3. **personales** Erzählverhalten
   3.1. an eine Person gebunden
   3.2. muss keine Innensicht haben
   3.3. <u>INDIKATOR Darbietungsweise der erlebten Rede verwendet</u>
4. **(neutrales)** Erzählverhalten
   4.1. Greift nicht ein
   4.2. Objektiv, nicht wertend

Möglichkeiten der Gedankenwiedergabe

1. Was sind die (formalen) Kennzeichen eines **Inneren Monologs, eines Bewusstseinsstroms?**
   1.1. KEINE Inquitformel
   1.2. KEINE Anführungszeichen
   1.3. Präsens
   1.4. Ich-Form

2. Was sind die (formalen) Kennzeichen der **erlebten Rede?**
   2.1. KEINE Inquitformel
   2.2. KEINE Anführungszeichen
   2.3. Episches Präteritum
   2.4. Er-Form

Eine Personenrede erkennen

1. **direkte Rede**
   1.1. Inquitformel + Anführungszeichen
2. **Indirekte Rede**
   2.1. Inquitformel + Konjunktiv
3. **Stumme Indirekte Rede**
   3.1. Inquitformel + Anführungszeichen
        Er dachte: „..."

Klausurfrage
Zum Thema Erzähltheorie, wird erwartet, dass man eine Redeform bestimmt, in der Klausur handelt es sich hierbei um den **Inneren Monolog,** auch Seltbstgespräch genannt, der im Präsens steht und keine Inquit-Formel ("sagte er/sie") hat.

Klausurfrage
Anschließend muss man den selben Satz von der Figurenrede (Innerer Monolog) in eine erlebte Rede umschreiben! "Ich" wird zu "Er" und Präsens wird zu Präteritum!!!!

BEISPIEL

Emil versteckte sich hinter einer großen breiten Dame, die vor ihm ging [...] *Was sollte jetzt werden?* [...] *Ob **ihm** die Dame helfen **würde**? Aber sie würde **ihm** sicherlich nicht glauben.* [...] Der Junge sprang blitzschnell hinter die Tür, stellte seinen Koffer nieder und blickte durch die vergitterte Scheibe. *Alle Wetter, **tat ihm** der Arm weh!*

personales Erzählen die Verwendung der Erlebten Rede zeugt davon, dass der Erzähler vollkommen die Perspektive seiner Figur angenommen hat
erlebte Rede die Gedankenwiedergabe hat formal schon eine große Nähe zum Inneren Monolog, der Verbleib in der Er-Form und im epischen Präteritum (letzter Satz) sind allerdings Kennzeichen der Erlebten Rede

Schreiben Sie die Passage unter Verwendung des Inneren Monolog und unter Verwendung von Erlebter Rede um

Emil versteckte sich hinter einer großen breiten Dame, die vor ihm ging [...] *Was soll jetzt aus **mir** werden?* [...] *Ob **mir** die Dame wohl helfen **wird**? Aber sicher wird sie **mir** nicht glauben.* [...] Der Junge sprang blitzschnell hinter die Tür, stellte seinen Koffer nieder und blickte durch die vergitterte Scheibe. *Alle Wetter, **tut mir** der Arm weh!*

In der Klausur

„Wirkung und Wirkungsweise" - Textanalyse Lyrik

Hans Lösener und Ulrike Siebauer

Klausurfrage
Wie unterscheiden Lösener/Siebauer „Wirkung und Wirkungsweise"?

„Wirkung"
    individuell und situativ
„Wirkungsweise"
    textuell (im Text nachweisbar)
    Wirkung die Text erzielen will

Klausurfrage
Was ist als sprachliches Phänomen z.B. in „Der Wald steht schwarz und schweiget" vorhanden?

Personifikation
Alliteration

Klausurfrage
8 Gefahren beim Interpretieren von Gedichten!!! (Was findet sich darin NICHT?)

1	**Formanalyse als Selbstzweck.** Fehlerfreie Bestimmung von Formelementen ohne Bezug zur Wirkungsweise des Gedichts.	**Besser:** Entdecken, wie verschiedene Formelemente gemeinsam die Wirkungsweise des Textes erzeugen.
2	**Inhaltswiedergabe.** Das bloße Wiedergeben des im Gedicht Gesagten mit eigenen Worten.	**Besser:** Nach Motiven suchen und überlegen, um welches thematische Zentrum die Motive angeordnet sind.
3	**Predigt.** Das Abgleiten in allgemeine Lebensbetrachtungen (z. B. „Alle Menschen sind sterblich. Deshalb sollten wir immer an die Vergänglichkeit aller Dinge denken und uns bewusst sein, ...").	**Besser:** Überlegen, wie der Text die Assoziationen des Lesers lenkt.
4	**Friedensangebot.** Betonen, wie sehr einem das Gedicht gefällt, weil das ja vielleicht auch dem Lehrer gefällt („Mich hat das Gedicht schon beim ersten Lesen sehr beeindruckt...").	**Besser:** Stellen im Text suchen, die schwierig oder verstörend sind und erklären, wieso diese Passagen den Leser irritieren.
5	**Moralisierende Deutung.** Der Versuch, den Kern des Textes in einer moralischen Botschaft zu suchen („Wir können aus dem Gedicht lernen, dass jeder Moment unseres Lebens kostbar und einzigartig ist.").	**Besser:** Untersuchen, wodurch sich die Weltsicht, die sich im Gedicht artikuliert, von der eigenen Auffassung unterscheidet.
6	**Autorintention.** Ausführungen dazu, was der Autor mit dem Gedicht sagen wollte („Der Autor will uns vor Augen führen, dass die Vergänglichkeit ein Teil des Lebens ist...").	**Besser:** Nach der oder den Haltungen forschen, die das Gedicht schafft (Haltungen zur wahrgenommen Welt, zu sich selbst, zum Leser etc.).
7	**Pauschale Charakterisierungen.** Ungenaue Beschreibung von Textwirkungen. Besonders bezeichnend ist die Verwendung der vagen Begriffe „negativ" und „positiv": „Das Gedicht hat eine negative Wirkung." etc.	**Besser:** Genaue Beschreibung der Wirkung des Textes bei der ersten Lektüre. Dabei ist es sinnvoll, auf einzelne Verse oder Wörter einzugehen.
8	**Das Übersehen des Subjekts im Text.** Oft wird aus dem Fehlen von Pronomina der ersten Person der Fehlschluss abgeleitet, dass es in dem Gedicht kein „lyrisches Ich" gibt. Insofern jeder Text eine geschriebene Rede darstellt, kann man auch davon ausgehen, dass sie von einem Subjekt geäußert wird.	**Besser:** Beschreiben, wodurch die Sichtweise (Erlebnis-, Denkweise etc.) des Subjekts im Text für den Leser erfahrbar wird.

z.B. es ist keine Gefahr, sich mit irritierenden Textstellen zu beschäftigen => dies ist NICHT bei den 8 Gefahren dabei (wäre dann anzukreuzen gewesen)

Motive sind Felder oder Reihen, die sich zu Themen verdichten

Anwendungsaufgaben

Stilmittel

Gedicht

Metrum bestimmen

Knittelvers

(Paar)reim, 4 hebig freie Füllung   LUSTIGE VERSE

Blankvers

Reimlos, 5hebig, jambisch,   TYPISCH DEUTSCH

Alexandriner

Endreim, 6hebig, jambisch, Zäsur, nach 3. Takt   DER DEUTSCHE BAROCK VERS, gehobene
Sprache

Hexameter

Ohne Endreim, 6hebig, freie Füllung   DER EPEN VERS, Odyssee